AF302543

MEDITATION AM ARBEITSPLATZ

Methoden für mehr Entspannung bei der Arbeit

Verfasst von Véronique Vesiez
Übersetzt von Julia Buchrieser

Für die Arbeitswelt 50MINUTEN.de

MEDITATION AM ARBEITSPLATZ

- **Ziel:** die Vorzüge der Meditation erkennen und sie am Arbeitsplatz praktizieren
- **Anwendung:** am Arbeitsplatz meditieren, um Stress zu vermeiden und konzentriert zu bleiben
- **Arbeitskontext:** Stressbewältigung, Wohlbefinden bei der Arbeit
- **FAQ:**
  - Wodurch unterscheiden sich Entspannung und Meditation?
  - Welche unterschiedlichen Meditationstechniken gibt es?
  - Wie meditiere ich richtig?
  - Wie entwickelt sich die emotionale Intelligenz durch Achtsamkeitsmeditation weiter?
  - Sind Meditation und Arbeit miteinander vereinbar?
  - Welche Vorteile hat Meditation für Angestellte?

<blockquote>
Eine halbe Stunde Meditation ist absolut notwendig, außer, wenn man sehr beschäftigt ist, dann braucht man eine ganze Stunde. (Franz von Sales)
</blockquote>

EINLEITUNG

Am Arbeitsplatz zu meditieren erscheint auf den ersten Blick undenkbar, wenn nicht sogar utopisch. Bei der Arbeit ist man ständig gefordert: eine Akte ist dringend abzugeben, ein unfreundlicher Chef, endlose Meetings, unvorhergesehene Ereignisse etc. Körper und Geist mancher Menschen sind damit überfordert, sodass sie unter Anspannung, Überlastung, Reizbarkeit, Schlafstörungen, Kopfschmerzen oder gar Depressionen oder Burnout leiden. Es muss also eine Methode gefunden werden, um den Rhythmus zu verlangsamen, stets ruhig zu bleiben und dennoch die Effizienz der eigenen Arbeit in den Vordergrund zu stellen.

In Frankreich haben die Gewerkschaften am 2. Juli 2008 ein nationales, berufsgruppenübergreifendes Übereinkommen unterschrieben, um gegen psychosoziale Risiken anzugehen und für präventive Maßnahmen zum Schutz der körperlichen und geistigen Gesundheit der Arbeitnehmer am Arbeitsplatz zu sorgen. Die Arbeitnehmer setzen ihrerseits ebenfalls individuelle Maßnahmen, um ihren Arbeitsrhythmus zu verändern und sich Pausen zu gönnen. Dies ist ein Beispiel für das, was unternommen wird, um das Wohlbefinden am Arbeitsplatz zu fördern. Allerdings ist es noch ein langer Weg bis zu einem ruhigeren und dadurch produktiveren Klima in den Unternehmen.

Meditation kann eine zugleich originelle, kostenlose und rettende Lösung für das Problem von Stress am Arbeitsplatz sein. Die durch zahlreiche wissenschaftliche Studien bewiesenen Vorteile der Meditation haben viele Unternehmen in den USA, Deutschland oder Schweden dazu bewogen, ihren Angestellten die Möglichkeit zur Meditation am Arbeitsplatz zu bieten. Auch in Frankreich beginnen sich führende Unternehmen dafür zu interessieren.

Am Arbeitsplatz kann jederzeit meditiert werden. Es sollte aufmerksam beobachtet werden, worauf man reagiert, sowie auf die eigenen Emotionen und das Umfeld geachtet werden – das alles erlaubt es einem, Abstand zu nehmen und die jeweilige Situation auf ruhige und an die Ereignisse angepasste Art und Weise anzugehen. Indem man die Art der Wahrnehmung von Dingen verändert, kann man seine Weitsicht weiterentwickeln und den Alltag relativieren. Eine meditative Pause einlegen und/oder Achtsamkeit bei der Arbeit zu praktizieren entwickelt die Fähigkeit weiter, Ereignisse bewusst zu erleben und die Emotionen zu bewältigen, anstatt unter ihnen zu leiden. Erfahren Sie in 50 Minuten die Vorteile der Meditation am Arbeitsplatz und lassen Sie sich praktische Tipps für regenerative Pausen geben.

MEDITATION AM ARBEITSPLATZ: DIE GRUNDLAGEN

STRESS BEI DER ARBEIT

Alle Institutionen sind sich einig, dass der Stress bei der Arbeit stetig steigt. Aber woher kommt er? Dem französischen Institut INRS (Institut National de Recherche et de Sécurité – Nationales Französisches Forschungs- und Sicherheitsinstitut) zufolge spricht man von Stress bei der Arbeit, wenn eine Person ein Ungleichgewicht spürt zwischen dem, was man von ihr bei der Arbeit verlangt, und ihren zur Verfügung stehenden Ressourcen, um den Forderungen nachzukommen.

SCHWERPUNKT

Das Edenred-Ipsos-Barometer 2012 hat die sozialen Kosten des Stresses am Arbeitsplatz auf zwei bis drei Milliarden

Euro jährlich geschätzt – die Kosten entstehen durch Fernbleiben, Turnover, Verlust von Produktionsqualität, Demotivation etc. Laut einer Studie zum Thema Klima, Stress, Lebensqualität bei der Arbeit, die 2014 vom Anbieter für professionelles und nachhaltiges Training Cegos durchgeführt wurde, leiden 53 % der Angestellten und 68 % der Manager unter regelmäßigem Stress am Arbeitsplatz. Die Arbeitslast, schlechte Organisation, ständige Veränderungen im Unternehmen, fehlende Unterstützung und Isolierung sind die Hauptgründe für Stress.

Maßnahmen im Unternehmen

Im Jahr 2008 wurde eine präventive und kollektive Herangehensweise initiiert, mit der versucht wird, Stressquellen im Unternehmen durch direkte Einwirkung auf Organisation, Arbeitsbedingungen, soziale Beziehungen etc. zu reduzieren. Dem Cegos-Barometer 2014 zufolge haben 59 % der Personalmanager im Jahr 2014 Maßnahmen getroffen, um die Lebensqualität am Arbeitsplatz zu verbessern. Entsprechend der Größe und des Tätigkeitsfeldes der Unternehmen können unterschiedliche Lösungen eingesetzt werden:

- das Führungspersonal in Bezug auf einen partizipatorischen Führungsstil schulen
- die Arbeit an die Fähigkeiten und Ressourcen der Angestellten anpassen
- die Rollen und Verantwortlichkeiten klar definieren
- die Kommunikation über die Unternehmensstrategie verbessern
- den Angestellten die Möglichkeit geben, über Probleme zu sprechen
- den Austausch zwischen den unterschiedlichen Akteuren im Unternehmen erleichtern
- das Personal für neue Arbeitsinstrumente schulen

Nichtsdestotrotz sind sich 47 % der befragten Personalmanager nicht über die vorgeschlagenen Herangehensweisen zur Reduzierung von psychosozialen Risiken im Klaren und nur 30 % wurden für die Erkennung dieser Risiken geschult.

Eigeninitiative

Um den Mangel an Schulungen für solche Fälle auszugleichen, suchen sich Angestellte unterschiedliche Wege zur Entspannung:

- neue Organisationsmethoden finden
- Berufs- und Privatleben besser abstimmen
- unter bestimmten Umständen „nein" sagen können
- regelmäßig Sport betreiben
- sich ein Mittagsschläfchen erlauben
- während der Mittagspause spazieren gehen oder lesen
- die Hilfe eines Coachs in Anspruch nehmen

WUSSTEN SIE, DASS ... ?

Wenn Sie dazu neigen, nach Kritik oder unangenehmen Bemerkungen stundenlang darüber nachzugrübeln, sollten Sie sich nicht darüber ärgern. Es handelt sich tatsächlich um ein „chemisches" Problem. Kritik löst die Produktion von Cortisol, dem Stresshormon, aus. Dieses braucht mindestens 26 Stunden, um sich im Organismus zu verflüchtigen. Komplimente sorgen dagegen für die Produktion des Hormons

Oxytocin, das allerdings nur ca. 10 Minuten lang im Blut bleibt ... Der längere Verbleib des Stresshormons im Blut kann auch durch den „tierischen" Teil des Menschen erklärt werden, da dieser instinktiv versucht, sich vor äußeren Bedrohungen zu schützen.

Trotz dieser kollektiven und individuellen Initiativen bleibt der Stress bestehen. Selbst wenn man sich Pausen bei der Arbeit zugesteht, neigt man oft dazu, Aufgaben sofort, schnell und reaktiv zu erledigen. Das kann zu falschen Interpretationen, Fehlern bei der Entscheidungsfindung, Diskrepanzen bei der Emotionsbewältigung oder in der Kommunikation mit anderen führen. In der Neurowissenschaft wird heute die Durchführung von Meditation bei der Arbeit empfohlen, da zahlreiche Forschungsarbeiten ergeben haben, dass sie positive Auswirkungen auf das Wohlbefinden und die Gesundheit hat.

Worin besteht Meditation?

Meditation stammt vom Buddhismus und besteht in der Aufmerksamkeit, die auf einen gedachten Gegenstand (wobei über ein philosophisches Prinzip nachgesonnen wird, um den Sinn zu vertiefen) oder auf sich selbst (um seine spirituelle Identität zu erkennen) gelenkt wird. Das Wort „Meditation" bezeichnet unterschiedliche Methoden und Philosophien, im Buddhismus wird dagegen zwischen Techniken und Zielen unterschieden:

- Die Techniken der Konzentration auf eine einzige Sache haben die Stabilisierung der geistigen Verfassung und die Herstellung von Ruhe zum Ziel. Dieser Punkt der Konzentration kann beispielsweise ein Mantra, die Atmung, eine Sache, eine Visualisierung, ein Geräusch oder ein bestimmtes Körperteil sein.
- Die Techniken der Aufmerksamkeit und Konzentration im gegenwärtigen Moment zielen auf die Erzeugung von Einsicht und Weisheit (vipassana) ab.

Seine Aufmerksamkeit und Konzentration weiterzuentwickeln hilft, sich vom inneren Dialog zu lösen, Abstand zu nehmen und an Umsicht zu gewinnen. Man macht die Dinge bewusster, hört mehr auf seinen Körper, seine Atmung, auf andere und wird dadurch toleranter und verständnisvoller.

Wenn man die Mechanismen versteht, die einem innewohnen und einen antreiben, lernt man sich mit allen Stärken und Schwächen zu akzeptieren, so wie man wirklich ist. Das ist der erste Schritt zu Glück und Weisheit.

VORURTEILE GEGENÜBER DER MEDITATION ÜBERWINDEN

„Meditieren bedeutet nicht, sich von der Welt abzuschneiden, sondern sich stärker und klüger mit sich selbst zu verbinden." (Christophe André, französischer Psychiater)

Vorurteile überwinden

Meditieren bedeutet nicht ...	Meditieren bedeutet ...
• religiös oder egozentrisch zu sein • ein Resultat zu erwarten • sich zu konzentrieren • seine Gedanken zum Schweigen zu bringen • seine Emotionen zu beruhigen zu versuchen	• seine Gedanken zu beobachten • sich seiner Reaktionen bewusst zu werden • zu lernen, die Dinge zu sehen, wie sie sind • sich anderen zu öffnen • eine richtige Sichtweise zu erreichen • sich selbst gegenüber wohlwollend zu sein

Wissenschaftlich bewiesene Vorteile

Das Gehirn empfängt ständig Ideen, verarbeitet Informationen, stellt Vergleiche an und ruft Erinnerungen wach. Diese Gehirnaktivitäten geschehen auf unbewusste Art und Weise, um Energie zu sparen, sodass der Mensch die meiste Zeit nicht mit sich selbst verbunden ist.

Zahlreiche Neurologen haben sich mit dem Einfluss der Meditation auf das Gehirn beschäftigt und durch eingehende Forschungen herausgefunden, dass sich das Gehirn verändert und sich anhand von Erfahrungen, Erlerntem und Gefühlen verformt. Wissenschaftlichen Studien zufolge löst regelmäßige Meditation folgende Veränderungen aus:

- verlangsamte Alterung der Gehirnrinde (dünne Schicht von Nervenzellen, die das Gehirn umgeben)
- leichte Verdickung des linken Frontallappens der Großhirnrinde (beteiligt an Stimmung sowie kognitiven und emotionalen Prozessen), was Optimismus und das Gefühl des Wohlbefindens stärkt
- leichtes Wachstum des Nervengewebes besonders im Hippocampus, was die Gedächtnisleistung verbessert
- verkleinerte Amygdala, was für weniger Aggressivität und Angst sorgt
- gestärktes Immunsystem, was zweifellos mit besserer Stressbewältigung zusammenhängt

Es ist also möglich, das Gehirn bei regelmäßiger Durchführung von Meditationsübungen zu verändern, so wie es mit Muskeln durch Sport passiert. Die unterschiedlichen Arten von Meditation haben zudem verschiedene Vorteile zu bieten.

Positive Auswirkung auf die Gesundheit:

- gestärktes Immunsystem
- mehr Energie
- Linderung von Schmerzen und Abhängigkeiten
- verlangsamte Alterung

Der französische Doktor für Zellulargenetik, buddhistische Mönch und Gesandte des Dalai Lama Matthieu Ricard hat bewiesen, dass sich Meditieren nach drei Monaten positiv auf das Immunsystem ausgewirkt hat. Außerdem haben sich die Stammzellen im Blut vermehrt sowie die Antikörper um 20 bis 30 %. Meditation trägt außerdem zur Senkung des Blutdrucks sowie des Cholesterins im Blut bei.

Positive Auswirkungen auf das Verhalten:

- weniger Anspannung und damit weniger Stress
- besseres Management der eigenen inneren Gefühlszustände, Dränge und Ressourcen
- weniger Impulsivität, mehr Humor
- höherer Selbstwert und mehr Empathie
- bessere zwischenmenschliche Kommunikation
- erhöhte Motivation
- mehr Mitgefühl und Selbstlosigkeit

- Gefühl von Ruhe und Frieden

Dem französischen Forscher Antoine Lutz zufolge, der am INSERM (Forschungs- und Entwicklungseinrichtung des Gesundheits- und Forschungsministeriums in Frankreich) in Lyon tätig ist, steht die Wanderung des Geistes mit negativen Emotionen in Zusammenhang. Das bedeutet, dass 30 bis 40 % der täglichen Gehirnaktivität dafür aufgewendet werden, sich zu sehr auf Vergangenheit oder Zukunft zu konzentrieren. Des Weiteren gibt er an, dass tägliche Meditation für 30 bis 40 Minuten dabei hilft, Aufmerksamkeit, Gegenwärtigkeit und Mitgefühl zu fördern. Dies kann einen physiologischen Effekt auf das Gehirn bzw. auf die Art und Weise haben, wie man seine Emotionen steuert und wie die unterschiedlichen Netze aktiviert werden.

Positive Auswirkung auf die Fähigkeiten:

- beständige Aufmerksamkeit
- bessere Konzentration
- leichteres Lernen
- besser zuhören können
- schnellere Entscheidungsfindung

- mehr Kreativität und Autonomie bei den zu erfüllenden Aufgaben

Der französische Unternehmer Sébastien Henry hat 60 meditierende Entscheidungsträger befragt und erklärt:

> Die Mehrheit der Chefs und anderen Entscheidungsträger haben sich der Meditation durch zu viel Arbeit, Burn-out oder persönliche Probleme (Scheidung, Todesfall) zugewandt. Schrittweise haben ihnen diese Übungen sehr viel gebracht. Sie sind weniger gestresst, können sich besser konzentrieren, sind wohlwollend, kreativer und geraten seltener in Konflikte. Das Arbeitsklima hat sich ebenfalls verbessert. (Le Breton: 2014)[1]

ALLGEMEINE GRUNDSÄTZE DER MEDITATION

Denken Sie an die Atmung

Die Atmung hilft dabei, Anspannung zu lösen, sich von Müdigkeit zu befreien und wieder Kraft zu schöpfen, um voranzukommen. Auf die Atmung

---

1. Übersetzt für 50Minuten.de

zu achten kann daher dabei helfen, die Energie über den Tag zu behalten oder nach einem unangenehmen Erlebnis wieder zu Kraft zu finden. Drei Minuten der bewussten Atmung reichen aus, um das parasympathische System zu aktivieren, das für körperliche und mentale Ruhe sorgt.

ATEMPAUSE

Der französische Arzt und Psychiater Christophe André empfiehlt eine Übung in der Pause zwischen zwei Aktivitäten oder um die als Reaktion auf Lebensereignisse entstehenden Emotionen zu begleiten und zu leiten:

Halten Sie regelmäßig einige Minuten inne, um bewusst zu atmen. Schließen Sie die Augen, richten Sie sich langsam auf, versuchen Sie, gleichmäßig zu atmen und beobachten Sie Ihre Atmung dabei: die Luft geht ein und aus, die Brust und der Bauch heben und senken sich. Achten Sie auf die Empfindungen in Ihrem ganzen Körper. Werden Sie sich einfach ohne ein Ergebnis zu erwarten darüber bewusst, was da ist. (Mazoir: 2013)[2]

---

2. Übersetzt für 50Minuten.de

Beobachten Sie sich selbst aufmerksam

Aufmerksam zu beobachten, was Sie zu Reaktionen bringt, welche Emotionen, welche physischen Empfindungen Sie haben, kann Ihre Art der Realitätsempfindung verändern und Ihnen helfen, Ihren Alltag zu relativieren. Es ist eine Zeit, um zur Ruhe zu kommen und sich zu entspannen.

BEWÄLTIGEN SIE IHRE EMOTIONEN MITHILFE FOLGENDER RATSCHLÄGE

- Erkennen Ihrer Emotionen: Atmen Sie. Was fühlen Sie in Ihrem Körper?
- Empfang dieser Emotionen: Verleugnen Sie sie nicht, sondern versuchen Sie sie zu benennen.
- Erforschung Ihrer Emotionen: Haben Sie diese Emotionen regelmäßig? Von welchen Gedanken werden sie begleitet? Werden Sie sich Ihrer physischen und mentalen Erfahrung bewusst.
- Nicht-Identifizierung mit Ihren Emotionen: Nehmen Sie Abstand angesichts Ihrer Emotionen. Ihre Emotionen machen nicht das aus, was Sie sind. Emotionen

sind nur eine, wenn auch wertvolle, Informationsquelle über Ihren inneren Zustand. Sie können diese Erkenntnis nutzen, um Ihr Verhalten im Alltag besser zu steuern.

Erwecken Sie Ihre Sinne

Nutzen Sie die Mittagspause, um Ihre Sinne zu erwecken. Suchen Sie sich für ungefähr 10 Minuten einen ruhigen Ort und versuchen Sie ein im Vorhinein gewähltes Lebensmittel, beispielsweise eine Weintraube oder ein Stück Schokolade, mit all Ihren Sinnen zu entdecken. Achten Sie bewusst darauf, wie dieses Lebensmittel aussieht, schmeckt, sich anfühlt, riecht und sich anhört, wenn Sie es essen, und schätzen Sie diese genussvolle Pause zwischendurch.

Meditieren Sie mit „Achtsamkeit"

Der Definition des an der University of Massachusetts Medical School emeritierten Professors Jon Kabat-Zinn folgend bedeutet Achtsamkeit (auf Englisch *mindfulness*) seine Aufmerksamkeit auf eine bestimmte bzw. bewusste Art auf den Augenblick zu richten, ohne über den Wert der gelebten Erfahrung zu urteilen.

Indem man sich nur auf den Augenblick fokussiert, kann man die Einschränkungen besser akzeptieren. Diese Konzentration auf den Moment wirkt dem gewöhnlichen von negativen Gedanken und Erwartungen, Prognosen für die Zukunft und Versagensängsten beeinflussten Verhalten entgegen. Für den Meditations-Coach Édouard Payen steht fest, dass man den Augenblick besser lebt, wenn man sich darauf konzentriert, was man in diesem Moment wo tut. Dadurch kann man die Qualität der erlebten Ereignisse verbessern, die Beziehung zu sich selbst ausgewogener gestalten und sich ebenfalls Mitarbeitern und Managern gegenüber weniger reaktiv verhalten.

Ob in Bezug auf Formelles oder im Laufe alltäglicher Tätigkeiten ermöglicht diese Praxis des Erwachens das Spannungsniveau zu reduzieren und Abstand zu den Ereignissen zu nehmen. Für diesen Ansatz gibt es unterschiedliche Methoden:

- Meditation mithilfe von Körper und Atmung
- Aufmerksamkeitsübungen zu inneren und äußeren Empfindungen, Körpergefühl, Gedanken und Emotionen
- Hervorhebung des „Autopiloten" im Alltag und die Entwicklung des Modus „sein" parallel zum Modus „machen"
- Kennzeichnung kognitiver, Grübeleien auslösender Gewohnheiten (Urteil, Bewertung, Kategorisierung oder Vermeidung) und Training zur Akzeptanz des Augenblicks

MBSR

Die von Jon Kabbat-Zinn entwickelte Achtsamkeitsbasierte Stressreduktion oder Mindfulness Based Stress Reduction (MBSR) ist bekannt dafür, Stress zu reduzieren und die Entwicklung einer integrativen Haltung zwischen Körper und Geist zu fördern. Die Teilnehmer fühlen weniger Stress, bewältigen Schmerzen besser, leiden seltener an Depressionen, haben mehr Selbstwertgefühl und Empathie anderen gegenüber. Durch Studien mithilfe von medizinischen bildgebenden Verfahren konnte zudem die Aktivierung von Gehirnregionen festgestellt werden, die zur Fähigkeit des Glücklichseins, Konzentration, Gedächtnis, Lernprozessen etc. beitragen. Diese Methode kann durch achtwöchige Praxis mit einem MBSR-Trainer in zweieinhalb Stunden wöchentlich bzw. 20 bis 45 Minuten täglich erlernt werden.

MEDITATION AM ARBEITSPLATZ

Lassen Sie sich Zeit für Pausen

Der Psychiater Christophe André hat festgestellt, dass Menschen, die am Arbeitsplatz Pause machen, nicht wirklich abschalten. Sie machen einfach andere Dinge, beispielsweise schreiben sie SMS, telefonieren, checken ihre E-Mails oder scrollen durch Facebook. Sie ermüden ihr Gehirn dadurch ebenfalls, nur auf andere Weise, und sind vor allem nicht eins mit sich selbst. Diese Menschen sind dann mit ihrem sozialen Netzwerk und ihrem Image verbunden, aber nicht mit sich selbst.

Sich wirklich Zeit für Pausen am Arbeitsplatz zu nehmen verlangsamt den Rhythmus und erlaubt es, sich zu entspannen, sich neu auszurichten und regeneriert wieder mit der Arbeit zu beginnen. Sie brauchen nicht mit allem aufhören, es reicht aus, wenn Sie zu sich selbst zurückkehren, den Gedankenfluss beruhigen und wacher beobachten, was in Ihnen und um Sie herum passiert.

Finden Sie einen ruhigen Ort

Suchen Sie in Ihrem Arbeitsumfeld nach einem ruhigen Ort. Das kann auch an Ihrem Schreibtisch in einem Großraumbüro sein. Es muss Ihnen nur möglich sein, sich einige Minuten lang auf sich selbst zu konzentrieren, beispielsweise indem Sie Kopfhörer aufsetzen und die Augen schließen, damit Sie nicht gestört werden.

Wählen Sie eine für Sie passende Methode aus

Finden Sie durch Ausprobieren heraus, welche Methode entsprechend Ihrer Rahmenbedingungen (Ort, Zeit) die „ökologischste" für Sie ist. Wählen Sie eine Methode, die Sie keine Überwindung kostet und Ihnen das Wesentliche zu gegebener Zeit bringt.

Denis Machuel, Vorstandsmitglied des großen französischen Gemeinschaftsverpflegungsunternehmens Sodexo, ist der Meinung, dass es zwei Methodentypen gibt. Die formelle Methode besteht darin, der Meditation jeden Tag 15 Minuten oder mehr zu widmen. Im Gegensatz dazu existiert zudem die informelle Methode, der zufolge man versuchen soll, die Qualität der Präsenz im Alltag stets auf dem gleichen Level zu halten.

Sie können einen bestimmten Zeitpunkt in Ihrem Arbeitstag festlegen, um für die von Ihnen festgelegte Dauer zu meditieren. In diesem Fall sollten Sie versuchen, dafür förderliche Bedingungen zu schaffen:

- Suchen Sie sich einen ruhigen Ort.
- Finden Sie eine bequeme Position.
- Wählen Sie ein Aufmerksamkeitszentrum (Atmung, projiziertes Bild, wiederholtes Wort etc.)
- Lassen Sie Ihre Gedanken kreisen.
- Holen Sie den Geist ins gewählte Aufmerksamkeitszentrum.

> Das Geheimnis liegt darin, die Gedanken zu leiten, anstatt sie zu stoppen.[3] (Matthieu Ricard)

Sie können die Meditation aber auch in Ihre täglichen Aktivitäten einbauen, indem Sie sich daran gewöhnen, ständig präsent zu sein, egal was Sie tun, welche Aufgaben Sie erledigen und welche Gespräche Sie führen.

Michael Chaskalson, Forscher an der Universität Bangor, schlägt Folgendes vor:

- Nehmen Sie sich bei der Ankunft am Arbeitsplatz drei Minuten voller Achtsamkeit, bevor Sie mit der Arbeit beginnen.
- Stehen Sie alle 30 Minuten auf und strecken

---

3. Übersetzt für 50Minuten.de

sich, damit sich Ihr Gehirn erholen kann.

- Nehmen Sie sich vor einem wichtigen Meeting einige Minuten Zeit, um sich zu entspannen und sich auf das konzentrieren zu können, was Ihnen bevorsteht.
- Hören Sie Ihrem Gesprächspartner zu und urteilen Sie nicht über seine Worte, bevor Sie Antworten parat haben.
- Wenn Sie sich angespannt, zerstreut, unruhig, niedergeschlagen oder verloren fühlen, sollten Sie sich Zeit nehmen und sich vollständig beruhigen bzw. Ihre geistige Kraft wiederfinden. Meditieren Sie eine, fünf, zehn, zwanzig oder dreißig Minuten mit geschlossenen Augen über das, was passiert ist, was Sie fühlen, warum Sie sich unsicher fühlen und was Sie ganz bewusst entscheiden zu tun.

Die Meditation kann auch im Gehen oder durch Sport (Yoga, Tai-Chi etc.) durchgeführt werden. Das sorgt für mehr Energie, regt den Kreislauf an, belebt die Muskeln, erleichtert die Verdauung und entwickelt eine tiefgehende Konzentration.

Sie können schlussendlich kurz innehalten, um „fast nichts" zu tun, bevor Sie mit einer neuen Tätigkeit beginnen:

- Atmen Sie ruhig.
- Lassen Sie Ihren Blick umherschweifen.
- Betrachten Sie die Dinge genau, die Sie umgeben.
- Hören Sie den Geräuschen um Sie herum zu.

Meditieren Sie täglich

Wenn Sie täglich meditieren, werden Sie nach zwei bis drei Wochen erste Erfolge sehen. Eine tiefergehende innere Veränderung braucht einige Monate. Aber das Wichtigste ist die tägliche Durchführung der Übungen. Also treffen Sie eine Vereinbarung mit sich selbst! Apps können hilfreich sein, um die Übungen zu variieren, den Rhythmus beizubehalten und eine Konstante in einem so lebhaften Umfeld wie dem Arbeitsplatz zu haben.

TOP TIPPS

- Nehmen Sie sich wirklich Zeit für Pausen bei der Arbeit! Sie brauchen nur einen Moment, um den Rhythmus zu verlangsamen, sich zu entspannen und erholt weiterzumachen.
- Das Grundprinzip der Meditation besteht darin, zu atmen und sich darauf zu konzentrieren.
- Ob es sich um eine der Meditation gewidmete Zeit, einen meditativen Spaziergang oder die Eingliederung der Technik in Ihre täglichen Aktivitäten handelt, das Wichtigste ist, dass Sie sich bewusst sind, was Sie machen, ohne zu urteilen und es mit Neugier und Wohlwollen zu tun.

> Die Meditation bringt uns unseren Gefühlen näher, erlaubt es uns, unsere Verbindungen zu anderen zu stärken und unseren Ängsten zu begegnen.[1] (Sharon Salzberg)

- Praktizieren Sie die Achtsamkeitsmeditation: Sie hilft Ihnen, Ihre emotionale Intelligenz zu

---

1. Übersetzt für 50Minuten.de

entwickeln, wodurch Sie Forderungen, Druck und Einschränkungen im Alltag besser begegnen können. Dadurch gelangen Sie einfacher an Ihre Ressourcen und können unterschiedliche Situationen am Arbeitsplatz ruhiger und besser lösen.

- Sie können fast überall und beliebig lange meditieren, beispielsweise in öffentlichen Verkehrsmitteln, am Arbeitsplatz, in einem Warteraum oder zuhause.
- Einige Minuten täglich sind ausreichend, um Abstand davon zu nehmen, was Sie tagtäglich erleben. Dies ist eine Einladung, um aus Ihrer Komfortzone zu kommen und Ihre Gewohnheiten in Bezug auf Ihr Denken und Ihr Verhalten zu prüfen.
- Für die Meditation brauchen Sie keine Ausbildung oder bestimmte Fähigkeiten. Es ist auch nicht notwendig, stundenlang zu meditieren, um Erfolge zu sehen – allerdings ist eine gewisse Regelmäßigkeit unerlässlich.
- Es gibt zahlreiche Publikationen, Internetseiten oder Programme, die Ihnen Übungen vorschlagen, sollten Sie Hilfe beim Meditieren benötigen.

Sehen Sie die Zeit, die Sie der Meditation widmen, als Zeit des „Nicht-Handelns" an, als eine Zeit, in der Sie nicht auf die Uhr schauen müssen, eine Zeit, in der Sie nur mit sich selbst beschäftigt sind, um gänzlich aus dem Handlungsmodus zu kommen. Die Durchführung der Meditation bedeutet eine große und vor allem gesunde Veränderung des Lebensstils, die nicht einfach umzusetzen ist, allerdings Ihr Leben verändern kann.[2] (Kabat-Zinn, Jon)

- Bleiben Sie wohlwollend sich selbst gegenüber. Nehmen Sie hin, was Sie sind und was Sie zu einem bestimmten Zeitpunkt können. In der Neurolinguistischen Programmierung (NLP) gilt daher das Motto: „Es gibt keine Niederlagen, sondern nur Erfahrungen."

---

2. Übersetzt für 50Minuten.de

FAQ

WODURCH UNTERSCHEIDEN SICH ENTSPANNUNG UND MEDITATION?

Oft werden Entspannung und Meditation verwechselt. Beide sorgen für einen physiologischen Zustand, der die körperliche und geistige Gesundheit fördert. Nichtsdestotrotz unterscheiden sie sich in Bezug auf ihren Zweck:

- Die Entspannung strebt nach „Leistung" durch Lockerung bzw. körperliche, muskuläre und emotionale Entspannung. Sie kann auf die Meditation folgen.
- Meditation hat kein bestimmtes Ziel; sie besteht darin, sich jedes einzelnen Gedankens und Gefühls bewusst zu sein und nie über sie zu urteilen, sondern sie einfach zu beobachten. Die Meditation erfordert ein gewisses Maß an Anstrengung, was manchmal unbequem sein kann.

WELCHE UNTERSCHIEDLICHEN MEDITATIONSTECHNIKEN GIBT ES?

Die bekanntesten Techniken sind folgende:

- Die Achtsamkeitsmeditation sorgt für die Stabilisierung der Gedanken, indem dem Augenblick und der Umgebung befreite und urteilsfreie Aufmerksamkeit gewidmet wird, äußerlich (Geräusche) wie auch innerlich (störende Gedanken).
- Die buddhistische Meditation besteht aus mehreren Ansätzen, wovon die drei wichtigsten folgende sind:
  - Die Zenmeditation besteht in der Lotusposition, die Körper und Geist eint.
  - Die Vipassana-Meditation bedeutet „klar und tiefgehend sehen".
  - Die tibetische Meditation ist eine Technik mit altruistischer Perspektive.
- Die transzendentale Meditation wird als Entspannungstechnik sowie als Technik zur Persönlichkeitsentwicklung angesehen, um das absolute Bewusstsein zu erreichen, das über die anderen Bewusstseinsebenen hinausgeht.

WIE MEDITIERE ICH RICHTIG?

Es gibt keine richtige oder falsche Art der Meditation. Es ist eine persönliche Erfahrung und dadurch ist es schwer möglich, Vergleiche anzustellen. Egal welche Meditationstechnik Sie wählen, verabschieden Sie sich von der Idee, dass Sie etwas falsch oder richtig machen können. Das Wichtigste besteht darin, sich Zeit zu nehmen, um zu sich selbst und seinen Empfindungen zurückzufinden.

WIE ENTWICKELT SICH DIE EMOTIONALE INTELLIGENZ DURCH ACHTSAMKEITSMEDITATION WEITER?

Wenn man sich auf den Augenblick konzentriert, gelangt man leichter an seine inneren Ressourcen. Dadurch werden dem US-amerikanischen Psychologen Daniel Goleman zufolge fünf Kernkompetenzen der emotionalen Intelligenz weiterentwickelt:

- **Selbstbewusstsein:** Man ist sich seiner Gefühle bewusst und trifft Entscheidungen aus dem Instinkt heraus. Man bewertet sich selbst realistisch und verfügt über ein solides Selbstbewusstsein.

- **Selbstbeherrschung:** Man bewältigt seine Emotionen auf eine Art und Weise, die die Arbeit erleichtert, anstatt sie zu beeinträchtigen. Man ist sorgfältig und sieht eine Belohnung in der Verfolgung eines Ziels. Zudem erholt man sich leichter von emotionalen Störungen.
- **Motivation:** Wünsche sollten als Kompass in Richtung der Ziele genutzt werden und dabei helfen, die Initiative zu ergreifen, seine Effizienz zu optimieren und trotz Enttäuschungen weiterzumachen.
- **Empathie:** Man ist fähig, sich in den anderen hineinzuversetzen und harmonische Beziehungen zu unterschiedlichen Personen aufzubauen.
- **Menschliche Fähigkeiten:** Seine Emotionen in den Beziehungen zu anderen beherrschen, Situationen entschlüsseln, seine Fähigkeiten einsetzen, um zu überzeugen, zu leiten, zu verhandeln, Streitigkeiten aus dem Weg zu schaffen, zu kooperieren und für die Motivation des Teams zu sorgen.

SIND MEDITATION UND ARBEIT MITEINANDER VEREINBAR?

Beryl Marjolin, eine französische MBSR-Trainerin, gab in einem Interview an, dass man lange gedacht hat, man müsse die Hälfte des Selbst beim Betreten des Unternehmens vor der Türe lassen. Selbst wenn Meditation eine Fokussierung auf sich selbst ist, bedeutet das gleichzeitig die Öffnung gegenüber dem Äußeren. Auch als Fachkraft verfügt man über Emotionen und durch die Geschichten, die man sich erzählt, erkennt man die Emotionen und Empfindungen an, was zur besseren Interaktion mit anderen beiträgt. Meditation sorgt für Freiheit, denn wenn man fühlt, was passiert, wird einem bewusst, was gut ist und was nicht, und man kann besser handeln.

Diese moderne Sichtweise der Arbeit, der zufolge sie nicht nur dem Lebensunterhalt dient, sondern ein zusätzlicher Weg ist, um sich als Person zu verwirklichen, bereichernde Dinge zu erleben, stets mehr über sich selbst und die Welt zu lernen, schließt die Vereinbarung von Meditation und Arbeit nicht aus. Denn je mehr man emotional in die Arbeit investiert, desto größer ist der Stress und Meditation hilft, diesen zu bewältigen.

WELCHE VORTEILE HAT MEDITATION FÜR ANGESTELLTE?

Für Angestellte kann Meditation zu einem wahren Leistungssteigerungsfaktor werden.

- Stressreduktion: Meditation reguliert die Hormone, die Atmung, die Herztätigkeit und reduziert Gefühle von Stress und Angst.
- Erleichterte Entscheidungsfindung: Durch die Stärkung der Verbindungen zwischen den unterschiedlichen Gehirnregionen und die Verlangsamung des emotionalen Zentrums verschafft die Meditation einem mehr Zeit, um die verschiedenen Optionen in einer Belastungssituation zu betrachten. Dies ermöglicht eine bessere Analyse und erhöht die Chance, gute Entscheidungen zu treffen.
- Erhöhte Empathie: Meditation stärkt die Fähigkeit, sich in andere hineinzuversetzen und zu verstehen, was Sie tun können, um ihnen zu helfen.
- Verfeinerte Intuition: Dank der Meditation

sind Sie im Einklang mit Ihrem Organismus, wodurch Sie Zugang zu zusätzlichen Informationen bekommen.

- Verstärkte Innovation: Die Meditation führt Sie von Ihrer Routine weg, um Raum für neue Ideen zu schaffen.

JETZT SIND SIE GEFRAGT!

Um zu erkennen, welche Art der Meditation am besten zu Ihnen passt, sollten Sie verschiedene Techniken ausprobieren. Im Folgenden finden Sie einige Übungen von Experten, von denen Sie sich inspirieren lassen können.

EINMINÜTIGE MEDITATION[1]

- Suchen Sie sich einen ruhigen Ort, an dem Sie ungestört sind.
- Setzen Sie sich bequem auf einen Stuhl, mit geradem Rücken, die Beine gerade nebeneinander und die Füße flach am Boden.
- Schließen Sie die Augen oder richten Sie sie auf den Boden.
- Konzentrieren Sie sich nur auf Ihre Atmung. Werden Sie sich dessen bewusst, was in Ihnen beim Ein- und Ausatmen vorgeht, ohne den Atemrhythmus zu verändern.

---

1. Übersetzter Auszug aus dem Buch *Méditer pour ne plus stresser*

- Wenn Bilder oder Gedanken Ihre Aufmerksamkeit stören, – was sicher passieren wird – sollten Sie sich nicht schlecht fühlen. Konzentrieren Sie sich einfach wieder auf Ihre Atmung. Sich darüber klar zu werden, dass die Gedanken abgeschweift sind und sich in Ruhe wieder zu konzentrieren ist das Grundprinzip der Achtsamkeitsmeditation.
- Diese kurze Meditation kann für einen Ruhezustand sorgen ... oder auch nicht! Was auch immer Sie fühlen – werden Sie sich dessen bewusst und akzeptieren Sie es.
- Nach einer Minute können Sie die Augen wieder öffnen und zu Ihren Tätigkeiten zurückkehren.

DIE SCHOKOLADEN-MEDITATION[2]

Wählen Sie eine beliebige Schokoladentafel aus, idealerweise eine Sorte, die Sie nicht so oft essen.

- Suchen Sie sich einen ruhigen Ort, an dem Sie ungestört sind.
- Nehmen Sie ein Stück Schokolade in die Hand, fühlen Sie sein Gewicht, sein Volumen

---

2. Übersetzter Auszug aus dem Buch *Méditer pour ne plus stresser*

und seine Temperatur. Erkunden Sie seine Beschaffenheit, indem Sie mit Daumen und Zeigefinger zudrücken.

- Führen Sie die Schokolade zur Nase und atmen Sie Ihren Geruch ein – machen Sie diese Übung am besten dann, wenn Sie nicht erkältet sind!
- Begutachten Sie die Schokolade nun aufmerksam. Ihre Augen sollen sich an das Aussehen, die Schatten, den Widerschein, die Kanten und Ecken gewöhnen.
- Stecken Sie die Schokolade in den Mund und lassen Sie sie auf der Zunge zergehen. Achten Sie auf die unterschiedlichen Geschmäcker und versuchen Sie so spät wie möglich zu schlucken, um alle Sinneseindrücke in Ihrem Mund gut aufnehmen zu können.
- Wenn Ihre Aufmerksamkeit abzuschweifen beginnt, bringen Sie sie in das Hier und Jetzt zurück: das auf Ihrer Zunge schmelzende Stück Schokolade sowie seine Beschaffenheit und sein Geschmack.
- Wenn es zur Gänze geschmolzen ist, können Sie es ganz langsam und bewusst hinunterschlucken. Lassen Sie es Ihre Kehle hinunterfließen.

Wie fühlen Sie sich? Was haben Sie während dieser Erfahrung empfunden? Hat die Schokolade besser geschmeckt als sonst?

MEDITATIVER SPAZIERGANG

Machen Sie einen Spaziergang auf flachem Gelände.

- Achten Sie auf all Ihre Empfindungen. Fühlen Sie Ihre Ferse und schließlich den ganzen Fuß am Boden auftreffen.
- Gehen Sie für einige Zeit normal, dann rückwärts und wieder vorwärts. Ändern Sie außerdem mehrmals Ihre Geschwindigkeit.
- Versuchen Sie dabei, den Druck Ihrer Füße auf den Boden zu spüren, vor allem wenn Sie langsamer werden. Langsames Gehen bietet die Möglichkeit, sich besser auf andere, oft unauffälligere Empfindungen zu konzentrieren.
- Genießen Sie jeden Schritt, als hätten Sie alle Zeit der Welt, und setzen Sie sich keine Ziele.
- Wenn Sie Probleme mit der Konzentration haben, können Sie nach jedem Schritt stehen bleiben. Schließen Sie die Augen und legen Sie Ihr Bewusstsein auf den Augenblick, bevor Sie weitermachen.
- Sie können die Bewegungen Ihrer Beine

beschreiben (beispielsweise: „heben, die Fußsohle lösen, das Knie beugen, die Ferse aufsetzen"), um Ihre Konzentration zu erhöhen.

Ihre Meinung ist uns wichtig!
Hinterlassen Sie doch einen Kommentar auf der
Seite unserer Online-Buchhandlung
und teilen Sie Ihre Favoriten in den sozialen
Netzwerken!

DARÜBER HINAUS

LITERATURVERZEICHNIS

- André, Christophe: *Méditer jour après jour.* L'Iconoclaste: Paris 2011.

- André, Christophe; Kabat-Zinn, Jon; Rabhi, Pierre; Ricard, Matthieu: *Se changer, changer le monde.* L'Iconoclaste: Paris 2013.

- Cegos.fr: „Climat, stress et qualité de vie au travail. Baromètre Cegos 2014". *Solutions. Formation-continue.* (September/Oktober 2014). http://www.cegos.fr/solutions/etudes/Pages/climat-stress-qualite-de-vie-au-travail-baromet-re-cegos.aspx (16.10.2019).

- Chaskalson, Michael: *Méditer au travail pour concilier sérénité et efficacité.* Les Arènes: Paris 2013.

- Duport, Philippe: „La méditation se fait une place dans le monde du travail". *Replay radio. On s'y emploie. France Info.* (Oktober 2015). http://www.franceinfo.fr/emission/s-y-em-ploie-de-philippe-duport/2015-2016/la-medit-ation-se-fait-une-place-dans-le-monde-du-tra-vail-15-10-2015-14-31 (16.10.2019).

- Goleman, Daniel: *EQ. Emotionale Intelligenz.*

2. Auflage. Dtv: München 1997.

- Henry, Sébastien: *Ces décideurs qui méditent et s'engagent. Un pont entre sagesse et business.* Dunod: Paris 2014.

- Kabat-Zinn, Jon: *Méditer : 108 leçons de pleine conscience.* Marabout: Vanves 2011.

- Kabat-Zinn, Jon: *Où tu vas, tu es.* J'ai lu: Paris 2005.

- Le Breton, Marine: „Méditation au travail : pourquoi les dirigeants, chefs d'entreprise et entrepreneurs doivent s'y mettre". *Huffingtonpost.fr.* (November 2014). http://www.huffingtonpost.fr/2014/11/17/meditation-travail-dirigeants-chefs-entreprise-entrepreneurs_n_6133290.html (16.10.2019).

- Masson, Elsa: „Comment la méditation agit-elle sur le cerveau afin de retrouver la pleine conscience ?". *EchoSciences Grenoble.* (Mai 2015). http://www.echosciences-grenoble.fr/communautes/atout-cerveau/articles/comment-la-meditation-agit-elle-sur-le-cerveau-afin-de-retrouver-la-pleine-conscience (16.10.2019).

- Mazoir, Fabrice: „Méditer au travail pour concilier sérénité et efficacité". *Mode(s) d'emploi. Blog-emploi.com.* (November 2013). http://www.blog-emploi.com/meditation-pleine-conscience-efficacite-travail/ (16.10.2019).

- Pleineconscience-pacacom: „Questions/Réponses autour de la méditation par la Pleine conscience".

* http://www.pleineconscience-paca.com/
la-pleine-conscience/questions-r%C3%A9ponses/
(16.10.2019).

* Ravier, Laurence: „Vivre en pleine conscience". *Culture. Spiritualités. Meditation. Interviews. Psychologies.com.* (April 2012).
http://www.psychologies.com/Culture/
Spiritualites/Meditation/Interviews/Vivre-en-
pleine-conscience/2 (16.10.2019).

* Salzberg, Sharon: *Apprentissage de la méditation. Comment vivre dans la plénitude.* Belfond: Paris 2013.

* *INRS.fr*: „Stress au travail : ce qu'il faut retenir". *Risques. Stress.* (Januar 2015).
http://www.inrs.fr/risques/stress/ce-qu-il-faut-
retenir.html (16.10.2019).

* Tourmente, Charlotte: „Méditer sur son lieu de travail pour lutter contre le stress". *Bien-être-psycho. Relaxation. Meditation. Allodocteurs.fr.* (April 2015).
http://www.allodocteurs.fr/bien-etre-psycho/
relaxation/meditation/mediter-sur-son-lieu-de-
travail-pour-lutter-contre-le-stress_13232.html
(16.10.2019).

* Williams, Mark; Penman, Danny: *Méditer pour ne plus stresser. Trouver la sérénité, une méthode pour se sentir bien.* Odile Jacob: Paris 2013.

WEITERFÜHRENDE LITERATUR

- *Burnout.info*: „Achtsamkeit am Arbeitsplatz mit Meditation". *Burnout-Prävention*. (18.07.2017). https://www.burnout.info/burnout-praevention/achtsamkeit-am-arbeitsplatz-mit-meditation-12372/ (17.10.2019).

- Daus, Corinna: „Wenn Manager meditieren: Achtsamkeit erobert die Wirtschaft". *Volkskrankheit Stress. Kultur. Wissen. Srf.ch.* (18.03.2018). https://www.srf.ch/kultur/wissen/wochenende-wissen/volkskrankheit-stress-wenn-manager-meditieren-achtsamkeit-erobert-die-wirtschaft (17.10.2019).

- Voßkühler, Gabriele: „Was Meditation im Büro wirklich bringt". *Karriere. Wirtschaft. Welt.de.* (28.07.2017). https://www.welt.de/wirtschaft/karriere/article167112407/Was-Meditation-im-Buero-wirklich-bringt.html (17.10.2019).

MEHR AUF 50MINUTEN.DE

- Charlier, Maïlys: *Konzentrationsfähigkeit verbessern. Tipps für langanhaltende Konzentration und Aufmerksamkeit*. Aus dem Französischen von Leonie Kremer. Plurilingua Publishing: Brüssel 2019.

- Francis, Renée: *Work-Life-Balance. Tipps für einen Ausgleich zwischen Berufs- und Privatleben.* Aus dem Französischen von Mareike Lobeck. Plurilingua Publishing: Brüssel 2019.

50MINUTEN.de
Geschichte
Business
Für die Arbeitswelt
Non-Fiction kompakt
Gesundheit & Wellness
Kunst und Literatur
DAS PARETO-PRINZIP
Die 80/20-Regel
Gesamtaufwand
Ergebnisse
20%
80%
80%
20%
Wichtig
Unwichtig
Business 50MINUTEN.de
DAS CANVAS-BUSINESSMODELL
WERTANGEBOT
50MINUTEN.de
DIE SWOT-ANALYSE
Bücher
SCHMÖKERN
SIE SICH SCHLAU!
www.50Minuten.de

Die präsentierten Inhalte werden vom Herausgeber überprüft, dennoch übernimmt dieser keine Haftung für die inhaltliche Richtigkeit, Vollständigkeit und Aktualität der vorgestellten Inhalte.

www.50Minuten.de

ISBN digitale Ausgabe: 9782808021487

ISBN gedruckte Ausgabe: 9782808021494

Pflichtexemplar: D/2019/12603/228

Cover: © Plurilingua

Digitale Aufbereitung: Primento, der digitale Partner der Herausgeber